Profeta Vinícius Iracet

PASSOS PARA UMA
VIDA ESPIRITUAL
PLENA

Dedicatória

Ao meu amado Espírito Santo, por ter ministrado em um devocional de domingo pela manhã este livro para os novos na fé. Isto mostra o amor e atenção que Jesus Cristo tem pelos novos e que teve, tem e sempre terá para conosco.
À minha linda e maravilhosa companheira e esposa, Ariane Iracet, e meus filhos, Lucas e Talita.
Agradeço a minha liderança, que tem me apoiado e protegido as minhas costas em todos os momentos. Obrigado por todo apoio e orações.

Prefácio

Em estilo simples e direto, esse livro aborda princípios elementares da fé cristã e da vida com Jesus. O autor, Profeta Vinícius Iracet, aponta direções imprescindíveis para quem deseja conhecer a Deus, o seu amor e o seu poder.

Essa obra pretende elucidar aspectos que regem a vida Cristã àqueles que nunca foram apresentados ao Evangelho ou que desejam aproximar-se do coração de Deus e crescer em Fé.

São capítulos curtos e objetivos, porém escritos com graça e leveza, que visam, basicamente, ampliar o seu conhecimento sobre ordenanças, mandamentos e princípios divinos.

Guiado pelo Espírito Santo e embasado totalmente na Bíblia, o autor discorre sobre assuntos básicos, mas polêmicos, conduzido pelo viés do testemunho pessoal e experiência pastoral, sem deixar de lado o tom profético.

Certamente o livro que você tem em mãos marcará a sua trajetória e o auxiliará a compreender as coisas espirituais e as revelações do Deus Pai, do nosso Senhor Jesus Cristo e do Espírito Santo.

Essa é uma leitura agradável que ensina, um manual que discipula, um livro que fala (diretamente aos corações). Isto faz deste livro um item indispensável na sua biblioteca, para ser alcançado e consultado quantas vezes for necessário, para que a dúvida dê lugar à certeza, a ignorância seja substituída pelo saber e, sobretudo, para que a incredulidade seja vencida pela Fé.

Simplesmente, recomendo!

Prª Adriana Röhrig Fagundes - IEJN
Drª em Letras pela UFSM-RS

Sumário

Bençãos Poderosas e eternas Recebidas Após A Salvação

Porque escrevi este livro

Se eu fosse escolher um tema para escrever, certamente não seria esse. Vou lhe explicar por que, e vou lhe explicar também como e porque esse livro ficou tão especial.

Um profeta ama o profético e tudo que está relacionado a ele. Já havia perdido as contas de quantos títulos de livros eu havia pensado em escrever. Pode ter certeza, querido leitor, que meu quarto livro seria relacionado aos sonhos e revelações, tenho ainda muito a contribuir nesta área, porque a cada dia Deus me tem revelado coisas novas. Sou sedento pelo profético e pelas revelações que há na Palavra de Deus. Mas, todavia, no entanto... quem manda é o Chefe, e Ele nunca erra. Eu posso dar meus palpites e intenções, mas o ponto final sempre quem dá é o precioso Espírito Santo.

Na manhã de certo domingo, preparei meu chimarrão e fui para sala da minha casa. Não demorou muito e meus "filhotes" vieram para sala assistir desenho. Peguei minhas coisas e fui ao quarto de um deles para orar e me dedicar à leitura da Bíblia. Comecei a ler, quando Deus me chamou (sei muito bem quando Ele atrai a minha atenção e me chama, é uma voz cativante. Tenho desenvolvido meus ouvidos espirituais para as direções do Senhor). Ele me falou: *Faça um livro para os novos na fé.*

Peguei meu bloco de notas e comecei a escrever todos os capítulos do livro. Interessante, Ele me deu cada capítulo. Ao final daquela direção pensei em como escreveria um livro para novos na fé e para quê. Quando comecei a concluir aquele raciocínio, Ele falou de novo, e nessa segunda vez entendi o plano do Pai e o amor do Filho. Deus ministrou em mim: *Eu amo a todos, mas eles precisam ser ensinados.*

Eu sabia, dentro de mim, de quem ele estava falando, pois há muitos novos na fé que me acompanham. Muitos que nunca pisaram em uma igreja evangélica e também não aceitariam que alguém orasse por eles. Existem pessoas que têm alergia aos pastores.

Deus tem me dado graça de ganhar, para o Reino, muitos ateus e ímpios. Dias atrás fui ao oftalmologista e antes de eu falar do meu problema, ele me perguntou o que eu fazia. Respondi a ele que além de pastor eu era um profeta, que essa era a minha área. O médico disse: *Prazer, sou agnóstico.*

Alguns dias antes de me encontrar esse médico teve um sonho que o deixou pensativo. Ele me contou o sonho e com a graça de Deus, interpretei o sonho dele e o convidei para ir a um culto. É uma graça na minha vida, não posso fugir disso.

Deus usa cada um de uma maneira. Estamos tendo acesso a pessoas que, se não fosse desta forma, não chegariam a Cristo.

Mas Deus escolheu as coisas loucas deste mundo para confundir as sábias; e Deus escolheu as coisas fracas deste mundo para confundir as fortes;

E Deus escolheu as coisas vis deste mundo, e as desprezíveis, e as que não são, para aniquilar as que são; Para que nenhuma carne se glorie perante ele.
1 Coríntios 1:27-29 (Bíblia ACF)

Este livro é uma inspiração que o Senhor me concedeu para explicar os princípios da nossa fé e, claro, há um pouco do profético nele também (hehehe).Que o Senhor possa falar muito com você e lhe fazer entender as coisas espirituais. Estou convicto que sua vida será marcada por este livro. Muitos conhecerão o Senhor através dele. Eu lhe abençoo em nome de Jesus Cristo.

1

BENÇÃOS PODEROSAS E ETERNAS RECEBIDAS APÓS A SALVAÇÃO

Milhares de bênçãos se conectam a nós após aceitarmos Jesus como nosso Salvador. Irei citar as principais delas e sei que isto alegrará o seu coração e lhe encherá de esperança. Deus é poderoso e realmente nos ama com um amor sem igual. Nunca ninguém irá amar você e eu tanto quanto Jesus Cristo e, ninguém, nunca fará tanto por nós quanto Ele fez.

"Olhe para você, e você vai encontrar em toda a longa jornada de sua vida apenas ódio, solidão, desespero, ruína e decadência. Mas olhe para Cristo e você vai encontrá-Lo, e com Ele tudo o mais que você necessita."

C.S. LEWIS

1.Recebermos o perdão total de nossos pecados é tremendo.

Tudo que você fez no passado, consciente e inconscientemente, é perdoado e coberto pelo sangue do Senhor.

*Se confessarmos os nossos pecados, ele é fiel e justo
para nos perdoar os pecados,
e nos purificar de toda a injustiça.*
1 João 1.9 (Bíblia ACF)

E acrescenta:

*Dos seus pecados e iniquidades não me lembrarei
mais.*
Hebreus 10:17 (Bíblia ACF)

Todos nós temos um longo histórico de pecados e coisas que desagradaram a Deus. Já encontrei mulheres que foram abusadas e se consideravam muito indignas de receberem o perdão de Deus. Certa feita, uma mulher que havia cometido vários abortos, não conseguia esquecer o que havia cometido na adolescência e juventude. Satanás a mantinha escrava, condenando-a todo tempo, até que ela entendeu e recebeu o perdão de Deus no seu coração. Conhecer o perdão redentor é libertador para nossa alma.

2.A Vida Eterna pode ser sentida em nós

Na verdade, na verdade vos digo que quem ouve a minha palavra,
e crê naquele que me enviou, tem a vida eterna...
João 5:24 (Bíblia ACF)

Eu tinha cerca de oito anos quando o espírito do medo entrou em mim e me atormentou até aos meus quatorze anos, quando me converti. Minha mãe, duas ou três vezes por semana me mandava ao açougue, que era próximo de casa, para comprar carne. Ao lado do açougue morava uma colega minha de aula, onde seu pai vendia materiais de construção. Certo dia, como de costume, estava indo para comprar carne. Ao dobrar na rua vi um movimento estranho de pessoas, carros de polícia e ambulância, aproximei-me e perguntei àquelas pessoas o que havia acontecido. Um homem falou-me: *Morreu o dono desta loja.* Eu perguntei: *Como ele morreu?* O homem continuou: *Morreu dormindo, acharam ele morto agora pela manhã.*

Desde aquele dia não dormi mais bem à noite, pensava que iria acontecer a mesma coisa comigo: se eu dormisse, também morreria. É terrível ser atormentado por algo, somente quem viveu uma experiência similar a minha sabe como é aterrorizante. Depois de ter recebido Cristo em mim nunca mais tive medo da morte, ou de dormir e não acordar mais. Ele entra em nós e nosso espírito recebe esperança que antes não havia.

*Respondeu-lhe, pois, Simão Pedro: Senhor, para
quem iremos nós?
Tu tens as palavras da vida eterna.*
João 6:68 (Bíblia ACF)

Somente Jesus tem as palavras que podem expulsar o medo da morte. Suas palavras trazem segurança e paz.

3.Adoção e poder de filho

Vede que grande amor nos tem concedido o Pai, a ponto de sermos chamados filhos de Deus; e, de fato, somos filhos de Deus.
Por essa razão, o mundo não nos conhece, porquanto não o conheceu a Ele mesmo.
1 João 3:1 (Bíblia ARA)

Ao contrário do que a maioria pensa,nem todos são filhos de Deus. Sei que isto parece um tanto chocante, mas a verdade é que cada ser humano foi criado por Deus, mas está preso ao pecado que veio através da desobediência e pecado de Adão e Eva. Entretanto, a Bíblia diz que quando entregamos nossos corações ao Senhor Jesus, crendo e confiando nEle para nossa salvação e como guia da nossa vida,Deus nos adotacomo filhos e passamos a fazer parte de Sua família. Veja:

Aos que o receberam, aos que creram em seu nome,deu-lhes o direito de se tornarem filhos de Deus,
os quais não nasceram por descendência natural, nem pela vontade da carne nem pela vontade de algum homem, mas nasceram de Deus.
João 1:12,13 (Bíblia NVI)

Fomos adotados pelo grande e imensurável amor do nosso Deus. Este amor me constrange todos os dias, principalmente pelo fato de não o merecer. A adoçãoé algo que recebemos gratuitamente, sem que mereçamos.

Você e eu recebemos o poder de nos tornarmos filhos de Deus. Poder para vencer o pecado, poder para vencer os vícios, poder para vencer as tentações. Você não é mais uma criatura, pois, se recebeu a Cristo como seu único Senhor e Salvador, então você agora também é filho do Pai Celestial,você éfilho do Deus. **Recebeste poder para te tornar Filho.**

Em amor nos predestinou para sermos adotados
como filhos por meio deJesusCristo, conforme o bom
propósito da sua vontade,
para o louvor da sua gloriosa graça, a qual nos deu
gratuitamente no Amado.
Nele temos a redenção por meio de seu sangue, o
perdão dos pecados, de acordo com as riquezas da
graça de Deus.
Efésios 1:5-7 (Bíblia NVI)

4.Nova Criatura

Assim que, se alguém está em Cristo, nova criatura é;
as coisas velhas já passaram;
eis que tudo se fez novo.
2Coríntios 5:17 (Bíblia ACF)

Conversão é mudança total de rota. As coisas erradas que fazíamos, agora, não fazemos mais. Muda-se completamente o rumo das coisas. Antes de sua conversão, o apóstolo Paulo era orgulhoso, egocêntrico, irado, religioso cego. Ele prendeu muitos cristãos para matá-los. Havia uma raiva que o consumia. Até que caiu do cavalo. O Senhor o encontrou no caminho, assim como aconteceu com você que está lendo este livro. Nem os discípulos queriam recebê-lo, por temerem pelas próprias vidas. As histórias deste homem eram muitas, quem imaginaria que ele se tornaria um homem bom, que ajudou e ainda ajuda tantas pessoas a serem salvas? Ninguém! Mas isso tudo aconteceu quando Cristo entrou em sua vida, e, então ele se tornou um novo homem.

Paulo não se tornou um homem humilde, manso e amável pela força do seu braço. Cristo dá o poder para o homem mudar de vida e largar seus pecados e viver para Ele. Você anda com Jesus e Ele lhe concede poder para vencer os inimigos internos e externos. E foi por isso que o Senhor disse que todos nós precisamos nascer de novo, para nos tornarmos novas criaturas e recebermos o Reino de Deus. A Bíblia diz:

Assim que, se alguém está em Cristo, nova criatura é, as coisas velhas já passaram, eis que tudo se fez novo.
2 Coríntios 5:17 (Bíblia ACF)

5. Os Vencedores serão Recompensados

Aquele que tem ouvidos ouça o que o Espírito diz às igrejas.
Ao vencedor darei o direito de comer da árvore da vida, que está no paraíso de Deus.
Apocalipse 2:7 (Bíblia NVI)

E não entrará nela coisa alguma que contamine e cometa abominação e mentira;
mas só os que estão inscritos no livro da vida do Cordeiro.
Apocalipse 21:27(Bíblia ACF)

O pecado e o diabo vão tentar abortar sua ida ao Céu, por isso mantenha firme sua vida de fé e suas convicções. Aprendi que não podemos deixar ninguém nem nada mexer nas nossas convicções. Mantenha seus olhos no Paraíso.

6. Você Receberá Uma Pedra Branca

Aquele que tem ouvidos ouça o que o Espírito diz às igrejas. Ao vencedor darei do maná escondido.
Também lhe darei uma pedra branca com um novo nome nela inscrito, conhecido apenas por aquele que o recebe.
Apocalipse 2:17 (Bíblia NVI)

Você é um troféu da graça de Deus e receberá uma grande honra ao chegar ao Céu. Receberemos uma pedra branca com um novo nome. Tudo isto está reservado para aqueles que vencerem e manterem seu testemunho. Fique firme, fique firme...

2

Como Tornar-se um Cristão Nascido de Novo

O novo nascimento é algo sobrenatural, experimentado por aqueles que ouvem o chamado de Jesus nos seus corações. Não deve ser feito de forma mecânica ou repetitiva como um mantra milagroso. Creio que as coisas mudam quando Deus fala. Não sou contra o apelo feito na maioria das igrejas, sou contra a igreja não ensinar a ouvir a voz do Senhor atraindo o homem para uma rendição total na presença de Deus.

Jesus foi enfático:

"Quem não nascer de novo não pode ver o reino de Deus" (João 3.3) e acrescentou: "Quem não nascer da água e do Espírito não pode entrar no reino de Deus" (João 3.5) e arrematou: "Importa-vos nascer de novo" (João 3.8). Nenhum indivíduo pode entrar no Céu sem novo nascimento. Essa é uma condição indispensável.

Lembro-me que a primeira vez que fui à igreja não entendi uma palavra do que fora ministrado, parecia tudo tão difícil... Esse é um dos motivos que muitos não se convertem, a mensagem do culto é para impressionar os outros e não para atrair o pecador. Prefiro pregar uma mensagem pública simples e que vá ao encontro das necessidades do povo, do que uma mensagem profunda, que vai promover mais a mim do que o Reino de Deus. Ter a consciência que existem todos os tipos de pessoas no culto público é imprescindível para o propósito do culto.

*O Reino dos céus é ainda como uma rede que é lançada ao mar e apanha toda sorte de peixes.
Quando está cheia, os pescadores a puxam para a praia.
Então se assentam e juntam os peixes bons em cestos, mas jogam fora os ruins.
Assim acontecerá no fim desta era.
Os anjos virão, separarão os perversos dos justos e lançarão aqueles na fornalha ardente, onde haverá choro e ranger de dentes.*
Mateus 13:47-50 (Bíblia NVI)

Quando a mensagem é ministrada, as redes da fé são utilizadas para apanhar muitas almas. Nela entram (são apanhados) pessoas de toda ordem e qualidade. Não diz respeito a nós escolhermos os bons e os maus jogarmos fora. A rede é para reunir e não para separar o conteúdo. Nela há uma grande mistura. A missão da igreja, no mundo, no grande e profundo oceano das nações, é colher os peixes.

De fato, não entendi a Palavra, mesmo assim ela produziu fé em mim. Quando você ouve a Palavra de Deus é gerado fé de Deus dentro de você.

Consequentemente, a fé vem por ouvir a mensagem,
e a mensagem é ouvida mediante a palavra de Cristo
<u>Romanos 10:17</u> (Bíblia NVI)

Quando o pregador perguntou do altar quem queria aceitar a Jesus, comecei a chorar muito e fui atraído até a frente, detalhe, "sem entender". Creio que ouvi Deus me chamar, pois em sã consciência não me moveria tão facilmente em um lugar que, na minha cabeça era recém-conhecido, um lugar estranho e um tanto esquisito para mim. Com 14 anos nunca havia passado pela minha cabeça "virar um crente". Fiz a oração à frente e voltei ao meu lugar. Nunca iria imaginar que aquela breve oração, mudaria o rumo das coisas na minha vida de forma tão radical e profunda.

Algo aconteceu, e não me dei por conta, naquele dia. Minha mãe perguntou se havia gostado, disse a ela que sim, mas que não voltaria. Ela me perguntou o porquê, disse a ela que não era meu lugar. Desde aquele dia nunca mais parei de frequentar a Igreja e buscar ao Deus Vivo. Como isso ocorreu? A Bíblia chama este acontecimento de "nascer de novo".

Se você quer ser nascido de novo, precisa fazer duas coisas importantes:

I. Primeiramente, você precisa crer em Jesus Cristo como o Filho de Deus:

Todo aquele que crê que Jesus é o Cristo, é nascido de Deus,
1João 5:1a (Bíblia ACF)

II. Em segundo lugar, você precisa pedir para Ele entrar em seu coração e na sua vida. Você precisa fazer uma oração como esta, sentindo-a, do fundo do seu coração:

"Senhor Jesus, eu venho a Ti como pecador, perdido e condenado ao Inferno. Arrependo-me dos meus pecados e peço o Teu perdão. Eu creio, com todo o meu coração, que Tu morreste na cruz e ressuscitaste pelos meus pecados. Eu abro o meu coração a Ti e Te recebo como meu Senhor e Salvador pessoal. Seja o Senhor da minha vida, entrego meu destino em tuas mãos. A partir de hoje, eu sou Teu e Tu és meu. Obrigado, estou certo que meu nome está escrito no livro da vida. Amém"

O que acontece quando você se torna nascido de novo?

O Espírito de Deus virá sobre você e entrará no seu coração. Então, o seu íntimo será nascido ou produzido de novo. Deus lhe dá um "novo coração e um novo espírito!" Aleluia! E para falar a verdade não há muita explicação, é um milagre, um verdadeiro milagre. Você é mudado sem perceber, no momento.

E dar-vos-ei um coração novo, e porei dentro de vós um espírito novo; e tirarei da vossa carne o coração de pedra, e vos darei um coração de carne. E porei dentro de vós o meu Espírito, e farei que andeis nos meus estatutos, e guardeis os meus juízos, e os observeis.
Ezequiel 36:26-27 (Bíblia ACF)

Com o seu novo espírito, você se torna um novo homem ou uma nova criatura. Você está pronto para viver uma nova vida. Essa nova vida é possível porque você é, realmente, uma nova pessoa, com um novo coração.

Ser nascido de novo é simples assim. As pessoas querem fazer coisas complicadas. Porém, tornar-se nascido de novo é muito simples!

Quem, então, é um cristão nascido de novo?

Um cristão nascido de novo é alguém que recebeu pessoalmente Jesus Cristo em sua vida e está determinado a viver uma vida controlada pela

Palavra de Deus e sob a orientação do Espírito de Deus. Você poderá dizer que Deus não tocou sua vida, mas esse é o tipo de experiência que não tem como virar as costas.

O nascido do Espírito fica marcado; para sempre. Esta marca não é algo que você pode tirar com um banho ou esquecendo-se dela, ela passa a ser parte de você. Todos nós já ouvimos aquela frase: Todo lugar é comum até Jesus passar por ele... Sua vida também era comum até Jesus passar por você.

3

Compreendendo Minha Salvação

Sua jornada já começou. O Espírito Santo já está morando dentro de você e seu nome já está escrito no livro da vida.

Estou convencido de que aquele que começou boa obra em vocês vai completá-la até o dia de Cristo Jesus.
Filipenses 1:6 (Bíblia NVI)

Vocês não sabem que são santuário de Deus e que o Espírito de Deus habita em vocês?
Se alguém destruir o santuário de Deus, Deus o destruirá; pois o santuário de Deus, que são vocês, é sagrado.
1 Coríntios 3:16,17 (Bíblia NVI)

O vencedor será igualmente vestido de branco. Jamais apagarei o seu nome do livro da vida, mas o reconhecerei diante do meu Pai e dos seus anjos.
Apocalipse 3:5 (Bíblia NVI)

O que precisamos saber sobre nossa nova vida:

1. A Bíblia diz que nós, seres humanos, somos pecadores (por nascimento e por nossa vida).

Por mais que as pessoas digam que nunca fizeram mal a ninguém e que são pessoas boas, isto não tira o fato que nascemos em pecado.

Porque TODOS PECARAM e destituídos estão da glória de Deus.
Romanos 3.23 (Bíblia ACF)

O pecado da desobediência, praticado por Adão, nosso primeiro pai, teve um peso tremendo: ele fez a morte, deu autorização à natureza de Satanás passar a todos os homens, e, por isso, todos pecaram. O Deus Santo não podia mais ter comunhão com o homem e, por isso, teve de expulsá-lo do Paraíso, do Jardim do Éden.

Nesse pecado está a origem de todos os nossos problemas. A dificuldade de o homem ouvir a Deus veio do pecado, por isso só ouvimos a Deus a partir do momento que somos perdoados e reconciliados com Cristo.

Então, o Senhor elaborou um plano, enviou o único que podia, legalmente, diante da Sua santidade, sem pecado algum, ser levado ao madeiro para libertar o homem, que estava destituído da glória dEle: Ele pôs mãos à obra e, com a morte do Seu Unigênito Filho, a missão foi realizada. Com isso, o Altíssimo recriou o homem para uma viva esperança.

Bendito seja o Deus e Pai de nosso Senhor Jesus Cristo que, segundo a sua grande misericórdia, nos gerou de novo para uma viva esperança, pela ressurreição de Jesus Cristo dentre os mortos,
1 Pedro 1:3 (Bíblia ACF)

O que foi perdido em Adão foi recuperado em Jesus Cristo.

2. Nossas boas ações são como trapo imundo diante de Deus.

A expressão **"trapo de imundícia"** tem a sua origem na ação de um leproso em limpar suas feridas com um pedaço de pano. O leproso era considerado imundo, vivia separado da comunidade e não havia ninguém interessado em cuidar dele, era muito descriminado; e na sua dor, ele se valia de um pedaço de pano e procedia a limpeza superficial de suas feridas, que muitas vezes já estavam podres e cheirando mal. Após passar sobre suas chagas, aquele pano ficava muito sujo e já não mais prestava para limpeza. O pedaço de pano se tornava em um **"trapo de imundícia"**.

Segundo as Escrituras Sagradas a lepra representa o pecado; e que todos pecaram e separados estão da glória de Deus; e que o salário do pecado é a morte. Creio que não podemos justificar nossas falhas com as coisas boas que fazemos. De nada adianta um lado da minha roupa estar limpo e o outro sujo. Posso ajudar os pobres e estender a mão ao necessitado, mas se eu trair minha mulher, estarei sendo hipócrita para com meu Deus. Somente Cristo nos concede o poder para vivermos uma vida de santidade que trará apenas coisas boas para nós.

Mas todos nós somos como o imundo, e TODAS AS NOSSAS JUSTIÇAS COMO TRAPO DA IMUNDÍCIA...
Isaías 64:6 (Bíblia ACF)

3. Nossa tentativa pessoal de fazer as coisas certas é fraca por termos sido concebidos em pecado.

A força que buscamos para largar o pecado vem só de Deus. O pecado é um desejo muito forte e só pode ser vencido pelo poder de Deus. Se você não consegue largar o vício do cigarro, peça a Jesus com fé para que Ele lhe dê forças para vencer o desejo de fumar.

Eis que EM INIQUIDADE FUI FORMADO, e em pecado me concebeu minha mãe.
Salmo 51:5 (Bíblia ARC)

4. Não é por dinheiro ou pelo que você faz, que terá o direito à salvação.

A salvação custa muito mais caro do que você possa pagar. É por isso que não é o seu extenso currículo, seu dinheiro ou joias, ou seu poder nesta terra que pode conquistar alguma coisa no Reino de Deus, porque tudo é pela graça. Nós não merecemos e nós não teríamos condições de pagar pelo que Deus fez. Então você deve entender que está morto espiritualmente por causa do pecado e não há nada que você faça que pode lhe fazer entrar no Céu. Porque todos nós, por causa dessa natureza pecaminosa, somos maus, somos pessoas pecadoras e não podemos habitar com um Deus Santo, com um Deus poderoso e justo.

O ser humano está acostumado a pagar, pois pensa que para tudo existe um preço e que quando chegar a hora ele pagará pela sua entrada nos céus. No entanto, a palavra de Deus nos ensina que a salvação vem pelo favor imerecido a nós e que tudo que deve ser feito é pela fé em Jesus e nossa rendição ao seu eterno amor.

5. Assuma publicamente sua fé em Jesus

A saber: Se com a tua boca confessares ao Senhor Jesus, e em teu coração creres que Deus o ressuscitou dentre os mortos, serás salvo.

Romanos 10:9 (Bíblia ACF)

Muitos têm vergonha de assumir sua fé em Jesus diante de família e amigos, no entanto, uma declaração genuína de fé é esperada de quem é um verdadeiro discípulo. Lembro que no início carregava minha Bíblia escondida, (logo após minha conversão não havia aplicativo da Bíblia no celular).

Me converti aos 14 anos e não foi fácil assumir minha identidade de servo de Deus diante dos colegas e amigos. Interessante que perdi a vergonha somente após ter me rendido totalmente a Deus. Aceitar Jesus muita gente o faz, render-se a Deus, poucos. E isso só acontece quando somos convencidos que a hora de ficar em cima do muro já passou e que é necessário nos posicionarmos.

6. Deus é amor, mas também é justiça.

"Deus é tão generoso que te dá liberdade de plantar o que quiser. Mas Ele é tão justo, que você colhe exatamente o que plantou."(tanto agora quanto para sempre, no lago de fogo).

Mas, quanto aos tímidos, e aos incrédulos, e aos abomináveis, e aos homicidas, e aos fornicadores, e aos feiticeiros, e aos idólatras e a todos os mentirosos, a sua parte será no lago que arde com fogo e enxofre; o que é a segunda morte.
Apocalipse 21:8 (Bíblia ACF)

7. Através do sangue de Jesus Cristo temos a redenção das nossas almas, um justo morrendo por injustos.

Glória a Deus pela sua eterna bondade e misericórdia.

E quase todas as coisas, segundo a lei, se purificam com sangue; e sem derramamento de sangue não há remissão.
Hebreus 9:22 (Bíblia ACF)

4

O Batismo nas águas: uma alegria Indescritível no coração do Filho de Deus

O batismo é uma ordenança clara de Jesus para todo aquele que nEle crê:

Ide, portanto, fazei discípulos de todas as nações, batizando-as em nome do Pai, do Filho, e do Espírito Santo.
Mateus 28:19 (Bíblia ACF)

Até hoje me lembro daquela manhã de neblina fria, quando ao longe avistei meus irmãos, todos de bata branca. A dúvida estava dentro de mim naquele dia, os avistei e fiquei por alguns minutos olhando para o povo que estava na beira do rio. É como se estivesse na linha de fronteira do relacionamento com Deus e a vida no mundo, dois caminhos, uma única escolha. Decidi descer às águas.

Naquele dia várias pessoas desceram às águas e a gente sempre pensa que vai sair das águas falando em línguas ou uma grande experiência transcendental. No meu caso nada disso aconteceu, apenas uma sensação de leveza, como estivesse andando sobre nuvens. O culto daquele domingo já foi muito diferente, senti que todo aquele ambiente fluía dentro de mim sem barreiras e que, verdadeiramente, eu estava no lugar certo. Tive a sensação de pertencer à família de Deus. Foi muito bom me sentir daquele jeito.

Por isso não fique frustrado se você não tiver as experiências sobrenaturais que outros têm, lhe confesso que até olhar para o céu eu olhei naquele dia e sabe o que aconteceu? Nada!!! O céu estava do mesmo jeito... No entanto, isto não me frustrou. Permaneci crendo e tive experiências fantásticas com Deus ao longo da minha caminhada, detalhe, "continuo tendo". Aleluia. Louvado seja o nome do Senhor.

Muita gente batizou-se junto comigo naquele dia, mas a maioria não está na fé hoje. Pessoas que estavam até mais convictas que eu naquele dia. Mas a pergunta é, por que estou firme com Jesus até hoje e elas não? A resposta é simples e não é porque sou especial ou "escolhido por Deus"', mil vezes não.

Vou abrir meu coração e vou lhe mostrar os bastidores deste momento do livro. Já lhe respondo, tome um café agora ou se você é gaúcho tome um belo chimarrão, vou ali e já volto com o livro...

Tive que parar alguns minutos para orar e pensar na resposta adequada e genuína para continuar a escrever, porque nem eu sabia por que continuei e a maioria parou no caminho. Já sei a resposta:

Preste a atenção no que ouvi do Espírito Santo: Como disse a você, nem eu sabia por que havia permanecido firme, pois por mais que haja perseverança, foco, havia um ingrediente especial que eu desconhecia, e o Senhor falou-me: *Você tem um coração disposto a obedecer.* Foi isso que ouvi de Deus. Me dei conta que depois do meu batismo, nunca mais consegui pecar em paz. Sei que é um tanto cômico isso, mas é a mais pura verdade. Me sinto bem ao obedecer a Deus, tão bem...

*Porém Samuel disse: Tem, porventura, o SENHOR
tem tanto prazer em holocaustos e sacrifícios quanto
em que se obedeça à sua palavra?
Eis que o obedecer é melhor do que o sacrificar, e o
atender, melhor do que a gordura de carneiros.*
1 Samuel 15:22   (Bíblia ARA)

Na Bíblia, há pelo menos quatro palavras que foram traduzidas como 'obedecer' em português:
   o Shãma'b = dar ouvidos;
   o Hypakouõ = ouvir;
   o Eisalouõ = ouvir dentro;
   o Peithomai = ceder e se submeter à autoridade.

Em contrapartida a isso eu vejo que, por mais que experiências com Deus marquem nossa vida, a nossa fé e comunhão com o Espírito Santo irão trazer resultados duradouros para nossa vida e lembranças servirão como memória para dias de vale que passamos.

Minha alma certamente disto se lembra, e se abate dentro de mim.
Só quero trazer à memória aquilo que me traz esperança.
Lamentações 3:20-21 (Bíblia ACF)

1. O que significa a Palavra BATISMO?

Batismo provém da palavra grega "baptiso", que significa "imersão". Batismo nas águas é, portanto, a imersão total de uma pessoa em água. Não é aspersão ou derramamento de água.

Assim que Jesus foi batizado, SAIU DA ÁGUA...
Mateus 3:16a (Bíblia NVI)

Quando Felipe batizou o etíope, eles pararam em um lugar onde havia água. A Bíblia diz que ambos entraram na água:

E mandou parar o carro, e desceram ambos à água, tanto Filipe como o eunuco, e o batizou.

E, quando saíram da água, o Espírito do Senhor arrebatou a Filipe, e não o viu mais o eunuco; e, jubiloso, continuou o seu caminho.
Atos 8:38,39 (Bíblia ACF)

Certamente aquele eunuco viajava abastecido com água potável; se fosse o caso de praticarem a aspersão havia água suficiente naquela carruagem para isto, mas batizar é imergir! Não foi à toa que João Batista se utilizou do rio Jordão para batizar. Depois, mudou o local de batismo para Enom, perto de Salim, e a razão para isto é descrita pelo apóstolo João em seu evangelho:

Ora, João batizava também em Enom, junto a Salim, PORQUE HAVIA ALI MUITAS ÁGUAS; e vinham ali, e eram batizados.
João 3:23 (Bíblia ARC)

2. Batismo nas Águas é uma ordem para todos os que se tornam nascidos de novo. Por mais que não se goste da palavra ordem, ela está intrínseca nesta passagem:

E disse-lhes: Ide por todo o mundo, pregai o evangelho a toda criatura. Quem crer e for batizado será salvo; mas quem não crer será condenado.
Marcos 16:15-16 (Bíblia ACF)

Uma ordem de Jesus é algo muito forte você não acha? Porque não obedecer e render-se?

3. Quais os requisitos para o batismo nas águas?

Quem crer e for batizado será salvo; mas quem não crer será condenado.
Marcos 16:16 (Bíblia ACF)

O único requisito exigido é crer. Há igrejas que para as pessoas se batizarem existe uma série de regulamentos e pré-requisitos que são regras e mais regras, como se as regras fossem suficientes para manter as pessoas em Cristo. Entendo as preocupações da igreja em relação a discipular e à pessoa estar pronta, mas, o mais importante é crer nesta parte do processo. Os dias de processo virão e ninguém consegue pular os processos de Deus.

4.Batismo não é para você fazer parte de um grupo ou ser considerado um membro, mas se revestir de Cristo e ter seus pecados apagados.

Porque todos quantos fostes batizados em Cristo já vos revestistes de Cristo.
Gálatas 3:27 (Bíblia ACF)

Quando você é batizado, está declarando abertamente que, por fé, você "se revestiu de

Cristo" para que os homens possam ver Cristo em você. Lembrando também que o batismo é uma marca de Deus em nós.

5. Quando descemos às aguas recebemos uma segunda oportunidade em vida de andarmos segundo Deus.

De sorte que fomos sepultados com ele pelo batismo na morte; para que, como Cristo foi ressuscitado dentre os mortos, pela glória do Pai, assim andemos nós também em novidade de vida.
Romanos 6:4 (Bíblia ACF)

Quando somos batizados, morremos para o velho homem e quando levantamos das aguas nascemos para uma nova vida segundo Deus. Brinco que nossa descida nas águas é como se fosse um carro usado que após o batismo, através do Espírito, voltasse a ser 0 km.

O Batismo é uma única vez, você só pode ser batizado pela segunda vez caso tenha sido um batismo por aspersão ou em uma seita. O batismo deve ser feito em nome de Jesus ou em nome do Pai do Filho e do Espírito Santo.

Não tenha dúvidas em relação o batismo, você verá como é uma benção.

5

O que é e como receber o Batismo no Espírito Santo

João respondeu a todos: Eu os batizo com água. Mas virá alguém mais poderoso do que eu, tanto que não sou digno nem de curvar-me e desamarrar as correias das suas sandálias. Ele os batizará com o Espírito Santo e com fogo.
Lucas 3:16 (Bíblia NVI)

João Batista deu testemunho de Cristo, antes do Seu batismo. O Batismo de Poder, Batismo de Fogo ou Batismo no Espírito Santo é uma experiência que todo cristão deveria ter. Não está restrito a um grupo seleto de pessoas, mas é uma promessa para o corpo de Cristo.

Alguns cristãos não acreditam ser importante orar em línguas, eles dizem: *Todos os cristãos nascidos de novo já são batizados no Espírito Santo.* Novo Nascimento é uma coisa, batismo no Espírito Santo é outra, não há como unir essas duas experiências. A religiosidade dos nossos dias está tão impregnada na mente de muitos cristãos que os impedem de ter um relacionamento mais profundo com a glória de Deus.

Qual é o sinal de alguém que recebeu o batismo no Espírito Santo?

O sinal inicial de que você é batizado com o Espírito Santo é que você fala em línguas. Há pessoas que inclusive sonham orando em línguas, mas quando acordam não oram. Este tipo de sonho frequente, que muitos têm, é sonho profético e é o desejo de Jesus, na pessoa, de que ela receba este presente maravilhoso.

Chegando o dia de Pentecoste, estavam todos reunidos num só lugar. De repente veio do céu um som, como de um vento muito forte, e encheu toda a casa na qual estavam assentados.
E viram o que parecia línguas de fogo, que se separaram e pousaram sobre cada um deles. Todos ficaram cheios do Espírito Santo e começaram a falar noutras línguas, conforme o Espírito os capacitava.
Atos 2:1-4 (Bíblia NVI)

E, impondo-lhes Paulo as mãos, veio sobre eles o Espírito Santo;
e falavam línguas, e profetizavam.
Atos 19:6 (Bíblia ACF)

Interessante que eu recebi o batismo no Espírito Santo com a imposição de mãos de um obreiro, não foi do pastor da igreja. É importante salientar que a imposição de mãos facilita bastante o recebimento do batismo no Espírito. Também creio na multiforme e soberana vontade do Senhor de batizar alguém da forma que Ele quiser e no lugar que quiser.

Não há limites para o poder de Deus, Ele não está sujeito ao que o homem pensa, Ele é Deus. Conheci pessoas que foram batizadas dentro do carro, enquanto dirigiam, enquanto outras ao saírem das águas foram batizadas e falaram em línguas.

Este Dom de línguas está aqui, entre nós, foi dado à Igreja e se você faz parte daqueles que vão morar no Céu, você tem o direito de usufruir desta linguagem sobrenatural. Deus deu o dom do Espírito Santo no dia de Pentecostes. O Espírito Santo tem estado aqui neste mundo todos esses anos, depende de você receber o dom do Espírito Santo. Não precisa implorar para que Deus lhe dê a plenitude do Espírito Santo.

Quem pode receber o batismo do Espírito Santo?

Qualquer pessoa nascida de novo pode receber o batismo do Espírito Santo com a evidência de falar em línguas.

E estes sinais seguirão aos que crerem: Em meu nome expulsarão os demônios;
FALARÃO NOVAS LÍNGUAS...
Marcos 16:17 (Bíblia ACF)

As pessoas acham que precisam fazer determinadas coisas ou, de alguma maneira, mudar muito em sua vida antes de receber o Espírito Santo. Vou falar algo que pode chocar você: alguém que fuma dois maços de cigarros por dia pode ser batizado no Espírito Santo, isso não a impede de receber o batismo. Mas não há como ele permanecer fumando na presença do Senhor, se ele orar em línguas e se conectar a presença de Deus. Ele certamente será livre destas amarras espirituais.

Quando você entra na Presença de Deus é mudado e transformado. A paixão por Jesus inflama tanto seu coração, que seus desejos carnais começam a morrer, um a um. Como gostaríamos de ter o poder de mudar as nossas vidas para estar 100% prontos para recebermos este batismo de poder, mas no caso de Cornélio, ele era novo na fé e mesmo assim falou em línguas. O Espírito Santo o visitou e a todos da casa igualmente, **não estavam humanamente prontos, estavam apenas sedentos.**

As pessoas, porém, ficam com a ideia de que devem fazer algo para receber este dom do Espírito

Santo. Não complique o que é simples. Já ouvi muitos tristes testemunhos de gente que fez verdadeiro sacrifício para receber algo que é direito dela. Uma vez ouvi o testemunho de um irmão que foi quase uma centena de vezes ao monte para receber o batismo no Espírito Santo. Ele contou à Igreja que quase morreu jejuando, para falar em línguas. Misericórdia, não é um bom testemunho, é até de chorar uma coisa dessas. Até acredito que a intenção do irmão era boa, mas, Deus não quer sacrifício por coisas que já estão perto de nós e que foram compradas pelo sangue precioso do nosso salvador.

Quando nascemos de novo, há uma mudança que é realizada no nosso interior. Nosso espírito é criado de novo. Se formos salvos, estamos prontos para receber a plenitude do Espírito Santo. Não precisamos fazer nada, senão pedir para receber.

Como receber o batismo do Espírito Santo?

1.	Em primeiro lugar, você precisa ser nascido de novo. Esse é um requisito indispensável.

*Estes sinais acompanharão os que crerem: em meu nome expulsarão demônios; falarão novas línguas; pegarão em serpentes;
e, se beberem algum veneno mortal, não lhes fará mal nenhum;*

imporão as mãos sobre os doentes, e estes ficarão curados.
Marcos 16:17-18 (Bíblia NVI)

2. Em segundo lugar, deseje o "mais de Deus", não acredite ou pense que tudo é conhecido. Por mais que tenhamos contemplado homens ungidos em ação, em grande atividade no Espírito, não podemos medir o oceano dos mistérios de Deus escondidos nas dimensões espirituais.

A frase que não quer calar em mim é: ***Há algo mais...***

E disse-lhes Pedro: Arrependei-vos, e cada um de vós seja batizado em nome de Jesus Cristo, para perdão dos pecados; e recebereis o dom do Espírito Santo. Porque a promessa vos diz respeito a vós, a vossos filhos, e a todos os que estão longe, a tantos quantos Deus nosso Senhor chamar.
Atos 2:38-39 (Bíblia ACF)

Embora esta seja uma promessa para todos os crentes, Deus espera que você deseje-o agora, para que, quando Ele derramar essa bênção em você, ela não seja desperdiçada ou abandonada. Deus quer ver pessoas famintas e que O desejem com todo seu coração.

Portanto, procurai com zelo os melhores dons...
1 Coríntios 12:31 (Bíblia ACF)

O evangelho é uma erupção, um rompimento, um cumprimento da promessa.

3.Ore e peça a Deus que batize você com o Espírito Santo

Pois se vós, sendo maus, sabeis dar boas dádivas aos vos-sos filhos, quanto mais dará o Pai celestial o Espírito Santo àqueles que lho pedirem?
Lucas 11:13 (Bíblia ACF)

Muitas pessoas dizem: "Tenho medo de receber isso na carne." Você não poderá recebê-lo de nenhuma outra forma! Falar em outras línguas é para homens e mulheres na carne, adorando a Deus no Espírito. Através da sua língua, com seus lábios falará em mistérios com Deus. Deus prometeu em Joel 2: 28: *Acontecerá depois que derramarei o meu Espírito sobre toda carne.*

Consideração importante: Não se expulsa demônios falando em línguas, os demônios não entendem o que você diz. Outra questão: o tom da sua oração em línguas é coordenado por você, podemos controlar o som da nossa voz e precisamos ter compreensão com os novos que estão começando a orar e ensiná-los, em amor, a orar baixo. A liberdade total de orarmos bem alto é no nosso quarto.

4.Edifique a sua fé falando em línguas

Edifiquem-se, porém, amados, na santíssima fé que
vocês têm, orando no Espírito Santo.
Judas v20 (Bíblia NVI)

Algo muito forte é construído dentro de nós desde o momento que começamos a orar em línguas. Eu não teria suportado algumas traições e desilusões ao longo da caminhada se não tivesse estruturado e amadurecido espiritualmente. Orei, e oro ainda, durante longas horas em línguas. Recebi muita sabedoria de Deus também orando no Espírito. Só conseguiremos suportar as tempestades se estivermos com uma boa base em Deus.

A prática contínua de falar e de orar em línguas ajuda-nos a ter consciência da presença do Espírito. Se eu tiver consciência da presença do Espírito Santo habitando em mim, todos os dias, essa consciência certamente afetará e transformará muita coisa no meu modo de viver. Quando você fala em línguas, o Espírito Santo assume o controle e lhe ajuda a orar. Você é quem fala, mas é o Espírito Santo quem lhe concede as línguas e as palavras.

E todos foram cheios do Espírito Santo, e
começaram a falar noutras línguas, conforme o
Espírito Santo lhes concedia que falassem.

Atos 2:4 (Bíblia ACF)

Essas línguas surpreendentes são também o sinal do doce e amado Espírito Santo habitando dentro de nós. Estas línguas fantásticas são caracterizadas por lábios balbuciantes e palavras gaguejantes.

Você já deve ter ouvido na igreja, quando as pessoas começam (a primeira vez) a orar em línguas, um monte de *ma ma ma* e *ba ba ba*. São os lábios balbuciantes que você está ouvindo. No meu caso, lembro que foi algo parecido com echa, echa, echa... foi tão lindo que fui para minha casa e fiquei orando bem alto até ficar totalmente sem voz e meu pai entrar assustado dentro do quarto (bons tempos).

Pelo que por lábios gaguejantes e por língua estranha falará o Senhor a este povo.
Isaías 28:11 (Bíblia ARA)

E todos foram cheios do Espírito Santo, e começaram a falar noutras línguas, conforme o Espírito Santo lhes concedia que falassem.
Atos 2:4 (Bíblia ACF)

Peça a alguém que já é batizado no poder para ajudar você, impondo as mãos sobre sua cabeça e orando com você. Isso pode facilitar muito o processo e eliminar a dúvida e o medo.

E, impondo-lhes Paulo as mãos, veio sobre eles o Espírito Santo; e falavam línguas, e profetizavam.
Atos 19:6 (Bíblia ACF)

Analise a Palavra e veja que as pessoas receberam o Espírito Santo pela imposição das mãos de pessoas cheias do Espírito Santo. Mesmo Simão, o feiticeiro, reconheceu o poder da imposição de mãos. Ele percebeu que quando os apóstolos colocavam as mãos sobre as pessoas, elas recebiam o Espírito Santo e começavam a falar em línguas.

Vendo, porém, Simão que, pelo fato de imporem os apóstolos as mãos, era concedido o Espírito [Santo], ofereceu-lhes dinheiro, propondo: Concedei-me também a mim este poder, para que aquele sobre quem eu impuser as mãos receba o Espírito Santo.
Atos 8.18,19 (Bíblia ARA)

Quando você começar a falar em línguas, a primeira vez poderá parecer um bebê aprendendo a falar, sons sem sentido, mas o Espírito Santo capacitará você e lhe dará o que falar. Flua nas línguas através do exercício constante. É orando cada vez mais e mais que você fluirá na linguagem do Espírito.

Também fique atento após ter recebido o batismo no Espírito se você não recebeu um ou mais dons junto com ele. No meu batismo no Espírito Santo recebi o Dom da Palavra do Conhecimento, dom de revelação muito forte que carrego até hoje.

6

Alimente-se da Palavra de Deus

A Bíblia é um presente de Deus para a humanidade. Por que você acha que o homem não conseguiu extinguir a palavra de Deus? E observe que não foi por falta de tentativa.

Nos anos 1700 o escritor ateu francês Voltaire teria dito: "dentro de 100 anos, a Bíblia e o Cristianismo serão varridos da existência e passarão à história". Bem, dentro de 50 anos, Voltaire foi varrido da existência e passou à história e a Sociedade Bíblica de Genebra usou a casa de Voltaire e sua editora para imprimir e distribuir milhares de Bíblias. Esta irônica virada nos eventos não deveria surpreender a ninguém, porque Deus prometera:

Os céus e terras passarão, mas minhas palavras jamais passarão.
Mateus 24:35 (Bíblia NVI)

No mesmo ano que Voltaire disse "em 50 anos a partir de agora, o mundo não mais ouvirá sobre a Bíblia", o Museu Britânico pagou 500.000 libras por um antigo manuscrito da Bíblia, enquanto ao mesmo tempo em Paris, um dos livros de Voltaire foi vendido por 8 centavos.

Ela é indestrutível. Glória a Deus!!!

1. A Bíblia é a Palavra de Deus para a humanidade.

O Espírito Santo ministrou cada palavra através de 40 vasos escolhidos por Ele, num período de 1600 anos. Esta Palavra nunca falhará com você, todo que a lê e a pratica muda de vida. Ela é um livro espiritual, com conceitos e direções espirituais para nossa trajetória como peregrinos neste mundo. As suas palavras são as armas que destroem as obras do inferno.

Toda a Escritura é divinamente inspirada, e proveitosa para ensinar, para redarguir, para corrigir, para instruir em justiça;
Para que o homem de Deus seja perfeito, e perfeitamente instruído para toda a boa obra.
2 Timóteo 3:16,17 (Bíblia ARC)

2. Na Palavra de Deus temos sempre a direção certa.

Toda direção que você precisar, consulte primeiro a Bíblia. Ela nunca irá lhe conduzir pelo caminho errado e sempre dará a melhor saída para seu problema. Os cristãos carnais não estão dispostos a ser estudantes disciplinados, eles querem que as palavras proféticas sejam entregues a eles em bandejas de prata.

Qual a função do GPS? Eu uso muito o GPS e inclusive já me perdi não o usando. Este pequeno instrumento é usado em qualquer lugar do mundo hoje, não é verdade? Tem como objetivo conduzir a pessoa ao destino em que ela deseja chegar. A Bíblia Sagrada deve ser o nosso GPS, pois é ela que nos guia e revela o caminho para Deus. Portanto não podemos ignorá-la. João Calvino afirmou: "A Bíblia não foi escrita para nos revelar como é o céu, e sim, como irmos para o céu". A Bíblia nos revela sobre Deus Pai, Deus Filho, Deus Espírito Santo (A Trindade Divina). Só ela nos ensina sobre a verdadeira vida e como possuí-la.

Lâmpada para os meus pés é tua palavra, e luz para o meu caminho.
Salmo 119:105 (Bíblia ACF)

Jesus disse:

Eu sou o caminho, e a verdade, e a vida; ninguém vem ao Pai senão por mim.
João 14:6 (Bíblia ACF)

3.A Palavra de Deus sempre nos alertará de caminhos de trevas, caminhos insensatos que Deus já sabe que não produzirão nada de bom na nossa vida.

A Bíblia nos adverte sobre beber, fumar, sexo pré-conjugal e extraconjugal, ter vários namoros, mentiras, falsas amizades e outros pecados em nossa vida... para tudo ela tem a resposta.

Não se deixem enganar: de Deus não se zomba. Pois o que o homem semear, isso também colherá. Quem semeia para a sua carne, da carne colherá destruição; mas quem semeia para o Espírito, do Espírito colherá a vida eterna.
Gálatas 6:7-8 (Bíblia NVI)

4. A palavra irá sustentar você, irá tornar seu espírito forte no Senhor.

Ora, o homem natural não compreende as coisas do Espírito de Deus, porque lhe parecem loucura; e não pode entendê-las, porque elas se discernem espiritualmente.
1Coríntios 2.14 (Bíblia ACF)

Jesus respondeu: "Está escrito: 'Nem só de pão viverá o homem, mas de toda palavra que procede da boca de Deus'".
Mateus 4:4 (Bíblia NVI)

A frase *"nem só de pão viverá o homem, mas de tudo o que sai da boca de Deus"* significa que a

Palavra de Deus é o sustento fundamental do qual o homem precisa. O poder sustentador de toda a vida não é um pedaço de pão, mas é a palavra que procede da boca de Deus. Alimentar-se da Palavra é primordial para estarmos bem, saudáveis espiritualmente.

Portanto, enquanto o pão sacia temporariamente a fome física, a palavra que procede da boca de Deus sacia eternamente o corpo espiritual do homem. Se o homem espiritual estiver bem alimentado, nossa vida estará plena, em vigor e saúde. Um homem espiritual bem nutrido das coisas de Deus será um homem abençoado e pleno. Aquele que deposita totalmente sua confiança no Senhor sabe que jamais será desamparado.

Três coisas que você precisa fazer com a Palavra de Deus:

1. Anseio e desejo do alimento espiritual

Da mesma maneira que os bebês necessitam do leite da mãe para sobreviverem e se alimentarem com leite todos os dias, os cristãos nascidos de novo precisam sobreviver e crescer alimentando-se, diariamente, com a Palavra de Deus.

Desejai afetuosamente, como meninos novamente nascidos, o leite racional, não falsificado, para que por ele vades crescendo.
1 Pedro 2.2 (Bíblia ACF)

Os preceitos do Senhor são retos, e alegram o coração; o mandamento do Senhor é puro, e alumia os olhos. O temor do Senhor é limpo, e permanece para sempre; os juízos do Senhor são verdadeiros e inteiramente justos. Mais desejáveis são do que o ouro, sim, do que muito ouro fino; e mais doces do que o mel e o que goteja dos favos. Também por eles o teu servo é advertido; e em os guardar há grande recompensa.
<u>Salmo 19:7-11</u>(Bíblia AA)

2. Pratique a palavra

A hipocrisia dos líderes religiosos sempre irritou e foi combatida por Jesus. Não há nada pior para o Reino de Deus do que um homem que não teme a Deus. Pessoas que dão mau testemunho prestarão contas no dia do juízo. Uma das piores formas de engano é o autoengano. É triste ver uma pessoa pregando uma coisa e vivendo outra. Se nós homens ficamos revoltados com tal coisa, imagine o Senhor. Alguns pastores dizem para suas congregações: "Façam o que eu digo, mas não façam o que eu faço". Terrível isso. Nunca ensine o que você não tem autoridade para falar.

Ai de vocês, mestres da lei e fariseus, hipócritas!
Vocês são como sepulcros caiados:
bonitos por fora, mas por dentro estão cheios de
ossos e de todo tipo de imundície.
Mateus 23:27 (Bíblia NVI)

E sede cumpridores da palavra, e não somente
ouvintes, enganando-vos com falsos discursos.
Porque, se alguém é ouvinte da palavra, e não
cumpridor, é semelhante ao homem que contempla
ao espelho o seu rosto natural; porque se contempla
a si mesmo, e vai-se, e logo se esquece de como era.
Aquele, porém, que atenta bem para a lei perfeita da
liberdade, e nisso persevera, não sendo ouvinte
esquecidiço, mas fazedor da obra, este tal será bem-
aventurado no seu feito.
Tiago 1.22-25 (Bíblia NVI)

3. Desenvolva o hábito de ler a sua Bíblia

Não se aparte da tua boca o livro desta lei; antes
medita nele dia e noite, para que tenhas cuidado de
fazer conforme a tudo quanto nele está escrito;
porque então farás prosperar o teu caminho, e serás
bem-sucedido.
Josué 1.8 (Bíblia AA)

Meditar é algo que exige certo tempo, não faça uma leitura na sua Bíblia de forma seca, tentando cumprir apenas um ritual por descargo de consciência, todavia medite de forma prazerosa.

Como ler a sua Bíblia:

1º Tenha o hábito de ler a Bíblia todos os dias.

2º Leia pelo menos dois capítulos por dia da Bíblia.

3º Estabeleça um horário para sua meditação.

4º Tenha a Bíblia no seu *smartphone*. (Haverá dias que a sua rotina será quebrada por um evento especial, neste dia, no momento que você parar em uma fila, ou no momento que se para para fazer uma refeição podemos tirar cinco minutos para nossa comida espiritual)

5º Sempre que puder leia a sua Bíblia em voz alta.

6º Decore trechos da Bíblia e nas suas orações os cite.

Carrego minha Bíblia em todos os lugares, tenho uma Bíblia Livro em casa e no meu escritório, tenho Bíblia no *iPhone, iPad,* e *Pc.* Quando estou muito cansado para ler, coloco no *YouTube* o Cid Moreira narrando a Bíblia, então a escuto.

Lembre-se: A palavra de Deus é a própria comida de Deus. O Espírito Santo é o autor desta palavra poderosa.

Minhas Frases Pessoais em relação a essa Palavra:

A Palavra nunca falhou e nunca falhará.

Sem a Palavra de Deus o medo me dominava.

A única coisa que me dá paz é estar crendo na palavra de Deus. Consigo ter paz em meio às tempestades desta vida. Minha mente acalma e meu coração bate serenamente.

Acredito que a fé encaixa perfeitamente na Palavra.

Quando creio em toda Palavra tenho paz sobrenatural. Todas as leis espirituais da Bíblia funcionam na minha vida.

Paz e felicidade são as bênçãos daqueles que creem e praticam a Palavra de Deus.

7

A importância da oração na vida do Cristão

Quando Daniel soube que o decreto tinha sido publicado, foi para casa, para o seu quarto, no andar de cima, onde as janelas davam para Jerusalém.
Três vezes por dia ele se ajoelhava e orava, agradecendo ao seu Deus, como costumava fazer.
Daniel 6:10 (Bíblia NVI)

Era hábito de Daniel orar regularmente, isto se tratava de um costume bem estabelecido na vida dele. Alguns hábitos que temos tornam-se parte da nossa vida e depois de um tempo não conseguimos mais viver sem eles, a não ser é claro que sejam hábitos ruins e nocivos a nossa saúde e nossa comunhão com Deus.

Daniel era primeiro ministro de seu país, confiança em posição de autoridade do seu Rei. Sua vida fora registrada de forma épica pelo seu zelo na oração, sua fé inabalável no Senhor Deus e por ser ele um profeta do Deus Vivo que interpretava sonhos. Mesmo em meio a grandes desafios como a cova dos leões, se manteve firme.

O que sustentava este homem? Ele era como eu e você. Mesmo sendo um grande político, temido por homens e respeitado na nação, ele tinha um hábito e seu hábito consistia em orar três vezes ao dia. Não nos resta dúvida que o poder que este homem tinha vinha da sua intimidade com Deus, através da oração.

Eu, porém, clamo a Deus, e o Senhor me salvará. À tarde, pela manhã e ao meio-dia choro angustiado, e ele ouve a minha voz.
Salmos 55:16-17 (Bíblia NVI)

Deus ouve a nossa voz. Orar é falar do coração para Deus. Nada muito difícil. Não importa como você ora, ele aceita todas as orações. Daí alguém pode me interpelar, dizendo: *Deus não aceita todas as orações!!!* Aceita sim, Ele ouve a todos... Agora, para Deus responder já é outra questão, segredos que iremos falar logo.

Que princípios guiaram Daniel a ter um tempo de oração tão diligente? Vamos enumerar estes princípios, leia-os e deixe-os tornarem-se seus princípios. Nós também podemos ter o sucesso que Daniel teve e podemos chegar a lugares altos usando a mesma "receita de bolo". O que guiou Daniel também guiará você, por isso esteja atento para andar por estas diretrizes abençoadoras.

Princípio n.º 1: A oração aproxima de Deus

Volta-te para mim e tem misericórdia de mim, pois estou só e aflito.
As angústias do meu coração se multiplicaram; liberta-me da minha aflição.
Salmos 25:16-17 (Bíblia NVI)

Davi estava se sentindo solitário, aflito e perdido. Através da oração ele se aproximou de Deus em busca de ajuda e forças. Podemos desabafar com Deus. Quando temos problemas, podemos Lhe contar tudo que estamos sentindo e pedir Sua ajuda. Às vezes basta um "Me ajuda meu Senhor!" O pedido de socorro é a oração do aflito, que confia na ajuda de Deus.

Algumas pessoas não se aproximariam de Deus se não fosse pelas tribulações desta vida. Quantas vezes nos iludimos com as bênçãos conquistadas e nos esquecemos de orar ou não damos a atenção merecida a um tempo de qualidade na presença de Deus. Às vezes Deus precisa nos parar, senão podemos nos machucar e ainda comprometer os bons planos de Deus para nós.

Princípio n.º 2: Dedique Tempo para orar

Muitos de nós estamos tão ocupados com um ritmo acelerado de vida, que não dedicamos o tempo devido para estarmos na presença de Deus. Daniel era alguém muito ocupado, Ele era um primeiro-ministro, um líder da nação. Muitas pessoas pensam que os chefes de Estado e ministros de Governo têm uma vida descontraída e agradável, voando pelo mundo afora. Isso não é verdade! Eu sou pastor sênior da nossa igreja e cuido de treze igrejas, lidero a escola de profetas, alimento diariamente um canal no *YouTube*, atendo empresários do mundo inteiro, instruo profetas, dou direções especiais a centenas de pastores e sou pai de dois filhos, esposo de uma mulher maravilhosa. Têm dias que trabalho mais de 11 horas, em suma, "não é mole". Há pastores e pastores, eu sei que pertenço à classe dos trabalhadores, trabalho muito.

Por trás das câmeras, nos bastidores existe um trabalho diário duro, muito intenso e em parte desgastante, pois lidar com gente nem sempre é fácil e claro tenho pessoas muito confiáveis que me ajudam a realizar o ministério em tempo hábil.

Daniel era o homem dos compromissos. Ele era o primeiro-ministro, mas não se sentia tão ocupado que não pudesse orar três vezes ao dia.

Princípio n.º 3: A fonte de Poder do Crente vem da Oração

Há dias que literalmente sinto o mundo em minhas costas. Você já deve ter sentido isso também. Nesses momentos, sei que estou em batalha espiritual e preciso de forças para continuar. Aprendo com Jesus que passou por muitos momentos difíceis enquanto esteve aqui na terra e a Bíblia mostra que em todos eles, Ele orou - inclusive quando se aproximava o momento de Sua morte:

E retirou-se outra vez para orar: "Meu Pai, se não for possível afastar de mim este cálice sem que eu o beba, faça-se a tua vontade".
Mateus 26:42 (Bíblia NVI)

Há poder na oração. Eu creio no poder do crente que ora. Tem muita gente que de forma injusta abandona o Senhor quando as coisas ficam ruins, e outras tentam resolver à sua maneira, olhando para todas as soluções terrenas, mas nunca para aquela que deveria ser nossa primeira opção, ou seja, a do Alto. Jesus, porém, nunca duvidou do cuidado do Pai, por isso sempre estava na presença.

Portanto, confessem os seus pecados uns aos outros e orem uns pelos outros para serem curados. A oração de um justo é poderosa e eficaz.
Tiago 5:16 (Bíblia NVI)

E aconteceu que, ao ser todo o povo batizado, também o foi Jesus; e, estando ele a orar, o céu se abriu.
Lucas 3:21 (Bíblia ARA)

Pela fé creio que os céus se abrirão na sua vida no momento que você orar. Os céus se abriram quando Jesus orou. Você consegue imaginar isso acontecendo também, enquanto você ora? Muitas coisas das quais temos acesso na presença de Deus acontecem à medida que cremos. Na caminhada da fé você haverá de passar por muitas encruzilhadas, nesse ponto consulte, toda vez, ao Senhor, assim você evitará perder tempo ou de estar fora da vontade de Deus. Enquanto oramos, Deus responde.
Princípio n.º 4: Intervenção sobrenatural através da oração

Dario, filho de Xerxes, de origem meda, foi constituído governante do reino babilônio.
No primeiro ano do seu reinado, eu, Daniel, compreendi pelas Escrituras, conforme a palavra do

A oração é o meio que a Igreja possui para intervir na história. Daniel se viu diante de problemas internacionais. A Babilônia havia conquistado o mundo conhecido da época, inclusive o território de Israel. O que Daniel fez? Orou ao Senhor e recebeu a revelação dos planos divinos até o fim dos tempos. O coração do profeta estava aflito com tudo que Israel estava passando. À medida que Ele permaneceu em oração Deus revelou a Ele sobre o futuro de Israel e também seu plano de Salvação.

Toda vez que orarmos a história de alguém pode mudar, nossa própria história pode mudar. Existem nações que são governadas por potestades e principados e se não nos posicionarmos em oração e jejum o inimigo toma conta.

O inimigo das nossas almas tem grande influência e controle sobre a terra. Preste atenção ao diálogo que ele tem com nosso mestre, ele ofereceu a Jesus os reinos deste mundo na tentação. Ele tem dinheiro para dar, tem inspirações para filmes, músicas, novelas e livros. Por trás de muitos rumores pode haver um pingo de verdade oculta, pois, muito já ouvi a respeito de atores, artistas e outros que venderam sua alma para o diabo em troca de fama, dinheiro e poder.

Pessoas fazem pacto com o diabo sim, por isso vemos verdadeiras atrocidades e mortes precoces de famosos que nos chocam, mortes inexplicáveis, mas autorizadas pelos próprios contratantes. Tenho certeza que eles não leram o contrato, o diabo não está nem aí para mostrar as cláusulas do contrato do inferno, ele quer apenas o sim da alma da pessoa. Os reinos deste mundo foram oferecidos a Jesus em troca de adoração a ele.

Quando você não ora, tudo que está ao seu redor está debaixo de um sistema coordenado pela malícia dos homens e por forças espirituais dos ares.

O Deus Todo-poderoso espera que você o convide para intervir legalmente nos eventos e circunstâncias de sua vida aqui. Se não houver alguém que se coloque na brecha "em favor de", as coisas certamente tomarão outro rumo. É por isso que os demônios trabalham arduamente para que os círculos de oração, vigílias de oração e relógios de oração parem. Nenhum ministério na igreja é tão atacado quanto o ministério de oração.

Princípio n.º 5: Oração de Concordância

Como poderia ser que um só perseguisse mil, e dois fizessem fugir dez mil, se a sua Rocha os não vendera, e o Senhor os não entregara?
Deuteronômio 32:30 (Bíblia ACF)

Dois podem pôr dez mil em fuga. Você pode ser poderoso se orar sozinho; mas será bem mais poderoso se tiver alguém que se alie a você em oração. A Bíblia ensina que um porá mil em fuga, e dois porão à fuga dez mil. Você precisa de mais um sócio na oração para que ela funcione poderosamente, é o poder de uma oração de concordância.

Aprenda algo importante sobre uma oração de concordância, quando um estiver orando, ele está com a voz de comando, você apenas concorde. Já participei de muitas orações em grupo que todos oravam ao mesmo tempo e a voz que estava puxando a oração acabava nem sendo ouvida. A voz de comanda tem que ser a mais alta entre as vozes e os demais devem apenas ouvir e concordar. Não pode haver divisão nem em nossas orações.

Princípio n.º 6: Ore no Nome de Jesus

Não há outro intermediário. Não há outro nome mais respeitado do que o nome de Jesus. No nome de Jesus, todo joelho se dobrará. Demônios são vencidos pelo nome de Jesus. A doença responde ao nome de Jesus.

Em verdade, em verdade vos digo: se pedirdes alguma coisa ao Pai, Ele vo-la concederá em meu nome.
João 16.23 (Bíblia ARA)

Por isso não creio que você deve pedir a Deus Pai usando outro nome.

Respondeu Jesus: Eu sou o caminho, a verdade e a vida. Ninguém vem ao Pai, a não ser por mim.
João 14:6-7(Bíblia ACF)

Em nenhum momento Jesus nos ensinou a orar para Maria. Se Ele tivesse deixado esta instrução, não haveria problemas de orar para Maria, Pedro, João e os outros apóstolos. Estou certo que Maria foi escolhida para uma missão muito importante e deve ter sido bem difícil para ela ser mãe do nosso Salvador, mas creio que ela cumpriu sua missão como uma serva abençoada e bendita entre as mulheres. Mas em nenhum momento Jesus ensina os discípulos a orarem para sua mãe. A própria Maria disse que ela era uma simples serva do Senhor.

Então, disse Maria: Eis aqui está a serva do Senhor, que se cumpra em mim conforme a tua palavra.
Lucas 1.38 (Bíblia ACF)

Por que você deveria orar para uma serva? Ela foi uma grande mulher e exerceu um papel especial em todo desenho de Deus. Eu realmente a respeito e a admiro. Mas eu não posso orar para ela. Jesus me ensinou a me dirigir ao Pai, através Dele.

Vocês orem assim: 'Pai nosso, que estás nos céus! Santificado seja o teu nome. Venha o teu Reino; seja feita a tua vontade, assim na terra como no céu. Dá-nos hoje o nosso pão de cada dia. Perdoa as nossas dívidas, assim como perdoamos aos nossos devedores. E não nos deixes cair em tentação, mas livra-nos do mal, porque teu é o Reino, o poder e a glória para sempre. Amém'.
Mateus 6:9-13 (Bíblia NVI)

Nosso Pai celestial responde ao nome de Jesus. O nome de Jesus nos concede o acesso à presença de Deus. Através deste nome eu fui liberto. A paralisia do sono me afetou por muitos anos antes da minha conversão. Eu vivia em cativeiro espiritual, muitas noites preso na cama. Quem tem sabe o quanto é terrível ter que esperar passar aquela sensação de aprisionamento, para então se mexer.

A ciência pode ter muitas respostas para isso, aliás, a ciência quer ser Deus e explicar tudo, mas sabemos que ela é limitada. Nesse dia apenas Jesus me ajudou, eu não cria Nele do jeito que Ele se apresentou a mim naquela noite.

Certo dia um demônio entrou em meu quarto, pegou-me pelo pescoço e literalmente me ergueu da cama, eu vi a luz acesa do meu quarto, estava acordado, não enxerguei ninguém, mas sentia um asco, uma verdadeira repugnância daquilo que estava sobre meu peito. Não teve nenhum nome que me ajudasse naquela hora, fiquei sendo asfixiado por aquela entidade, pensei em alguns milésimos de segundos que morreria, mas dentro de mim saiu um verdadeiro grito, um clamor, pelo nome mais belo que existe, o Nome de Jesus. Aquela força satânica me largara e acordei livre daquilo que queria me matar. Jesus me salvou, Ele é meu herói. Ele sempre nos ouvirá.

8

Por que devo aprender a Jejuar

Então os discípulos de João vieram perguntar-lhe: "Por que nós e os fariseus jejuamos, mas os teus discípulos não? "
Jesus respondeu: "Como podem os convidados do noivo ficar de luto enquanto o noivo está com eles? Virão dias quando o noivo lhes será tirado; então jejuarão.
"Ninguém põe remendo de pano novo em roupa velha, pois o remendo forçará a roupa, tornando pior o rasgo. Nem se põe vinho novo em vasilhas de couro velhas; se o fizer, as vasilhas se rebentarão, o vinho se derramará e as vasilhas se estragarão. Pelo contrário, põe-se vinho novo em vasilhas de couro novas; e ambos se conservam".
Mateus 9:14-17 (Bíblia NVI)

Durante sua vida cristã o jejum aliado à oração será uma poderosa arma espiritual para vencer as trevas. Existe algo de muito especial contido no jejum. Este exercício espiritual é praticado em tempos de ferrenha luta e tristeza. O jejum nos fortalece sobremaneira contra nosso inimigo, é como se nossa força espiritual fosse nitidamente aumentada para o calor da batalha enfrentada.

Então os discípulos aproximaram-se de Jesus em particular e perguntaram: "Por que não conseguimos expulsá-lo? "
Ele respondeu: "Por que a fé que vocês têm é pequena. Eu lhes asseguro que se vocês tiverem fé do tamanho de um grão de mostarda, poderão dizer a este monte: 'Vá daqui para lá', e ele irá.
Nada lhes será impossível. Mas esta espécie só sai pela oração e pelo jejum".
Mateus 17:19-21 (Bíblia NVI)

A resposta de Jesus para os discípulos que já haviam expulsado demônios foi muito esclarecedora, há demônios que só sairão com oração e jejum. Eu particularmente já expulsei este tipo de demônio, que resiste à saída, você expulsa e eles voltam mais fortes.

Certa feita uma família trouxe a mim um homem endemoninhado, uma semana sem falar, pai de família, taxista, aparentemente um homem normal, mas que da noite para o dia parou de falar e não dormia mais. A primeira coisa que a família fez foi levá-lo ao neurologista, a segunda coisa foi levá-lo ao benzedeiro da cidade, famoso, a terceira coisa foi levá-lo a uma casa espírita, como última alternativa, e aí eu não entendo por que, trouxeram a mim, um pastor.

Como as pessoas demoram a dar o braço a torcer para fé, resistem e resistem e deixam como última porta a bater. Por quê? Bem, após o culto fui atendê-lo e o colocamos em uma sala sentado, ao seu lado o irmão dele e sua esposa. Eu falava com ele, ele apenas me olhava. Comecei a orar e repreender, naquele dia eu estava em jejum (é meu costume jejuar muito, principalmente em dias de culto), há épocas que jejuo mais e há épocas que dou uma amenizada.

Ao repreender o mal no endemoninhado, um obreiro estava do meu lado e aquele homem de um pulo pegou meu obreiro pelo pescoço, coloquei a mão na cabeça dele e com autoridade no nome de Jesus comecei a mandar embora aquilo, quando comecei a repreender os espíritos de feitiçaria ele começou a se contorcer, aquela legião saiu e este homem deu um grito e começou a chorar, abraçado na sua esposa.

Este é um dos casos que enfrentamos e vimos diante dos nossos olhos o poder de estar em jejum. Já expulsamos muitos demônios sem estarmos em jejum, todavia, já provamos que em alguns casos de libertação, estar em jejum faz uma enorme diferença. Em alguns casos o que resiste em uma pessoa ou em um lugar são muitas consagrações, maldições ou amarras espirituais.

Enquanto eu escrevia este livro recebi no meu gabinete um irmão que pediu aconselhamento. Ele me disse:

Profeta não entendo, já fiz quebra de maldição, mas não houve rompimento na minha vida, os mesmos problemas que meu pai tinha, que já morreu há 20 anos, estão se repetindo em mim.

O pai dele havia sido feiticeiro, bruxo, havia feito fechamento de corpo e feito inúmeros pactos. Ele me contou que desde a juventude ele entrava em alguns lugares e outros queriam briga com ele, sendo que ele sempre foi pacífico. Em contrapartida, o pai era violento e gostava de uma briga. Enquanto ele falava eu pensava, "como não foi quebrada essa ligação na vida deste homem?". Por aquilo que já conhecemos do ministério de libertação sabemos que deveria ter parado os sonhos com o pai falecido e a maldição financeira.

O Espírito Santo, naquele momento lembrou-me do poder do jejum. Um dos poderes do jejum é a quebra de amarras e laços espirituais na nossa vida.

Disse a Ele: ***Você precisa fazer um jejum mais intenso com o objetivo de romper totalmente com isto.***

Nunca li sobre isso, foi revelação do Senhor a mim. Se você também recebeu uma herança espiritual pesada e já passou por renúncia e quebra e pouco adiantou, faça um jejum prolongado e dirigido por Deus, essa revelação vai lhe ajudar.Daí a importância de um revestimento maior na sua vida espiritual. Por isso cremos na importância de todos aprenderem a jejuar.

Tenha sempre a motivação certa para jejuar, e também faça sempre debaixo da direção do Espírito Santo. Creio que uma das formas de sabermos que está na hora de jejuarmos é quando nos sentimos fracos ou vazios. A outra forma é quando estivermos cheios de nós mesmos, carregados de egoísmos e orgulho. Note que o jejum não deve ser feito sem direção de Deus e não deve ser com o objetivo único de termos aquilo que queremos.

Por que jejuamos nós, e não atentas para isto? Por que afligimos a nossa alma, e tu não o levas em conta?
Isaías 58:3a (Bíblia ARA)

E a resposta de Deus foi exatamente a de que estavam jejuando de maneira errada:

Eis que, no dia em que jejuais, cuidais dos vossos próprios interesses e exigis que se faça todo o vosso trabalho.
Eis que jejuais para contendas e para rixas e para ferirdes com punho iníquo; jejuando assim como hoje, não se fará ouvir a vossa voz no alto.
Isaías 58.3b,4 (Bíblia AA)

De que adianta jejuar e falar palavrões, ou jejuar e invejar o que o vizinho está comprando para dentro da sua casa? O jejum é alérgico a religiosos, tem que ser usado por pessoas que estão vivendo no espírito.

O Reverendo Kenneth Hagin, acerca do jejum, diz o seguinte: *"O jejum não muda a Deus. Ele é o mesmo antes, durante e depois de seu jejum. Mas, jejuar mudará você. Vai lhe ajudar a manter-se mais suscetível ao Espírito de Deus"*.

O jejum nos ajudará a aguçar nosso discernimento espiritual, você terá mais sensibilidade para ouvir a Deus e captar sua direção.

Como começar um Jejum

A primeira coisa é receber a direção do Espírito Santo para fazê-lo ou sentir uma necessidade de se fortalecer espiritualmente. Após isso, é perceber que tipo de jejum você vai iniciar, se é um jejum parcial ou jejum total. Normalmente o jejum parcial é praticado em períodos maiores ou quando a pessoa não tem condições de se abster totalmente do alimento (por causa do trabalho, por exemplo).

Muitos irmãos que conheço trabalham em construção, para eles é mais difícil fazer um jejum total, então os aconselhamos a fazer um jejum parcial. Lemos sobre esta forma de jejum no livro do profeta Daniel:

Naqueles dias, eu, Daniel, pranteei durante três semanas. Manjar desejável não comi, nem carne, nem vinho entraram em minha boca, nem me ungi com óleo algum, até que se passaram as três semanas.
Daniel 10.2,3 (Bíblia ACF)

O profeta Daniel diz exatamente o que ficou sem ingerir: *carne, vinho e manjar desejável.* Provavelmente se restringiu à uma dieta de frutas e legumes. O fato é que se absteve de alimentos, porém não totalmente. E, embora tenha escolhido o que aparentemente seja a forma menos rigorosa de jejuar, dedicou-se a ela por vinte e um dias. O Jejum total, por outro lado, é a abstinência total dos alimentos, ficando apenas com a água. Não creio que o jejum total seja sem água, a não ser que seja por poucas horas.

Jesus, cheio do Espírito Santo, voltou do Jordão e foi guiado pelo mesmo Espírito, no deserto, durante quarenta dias, sendo tentado pelo Diabo. Nada comeu naqueles dias, ao fim dos quais teve fome.
Mateus 4: 2 (Bíblia ARA)

Na Bíblia encontramos poucas menções de alguém ter jejuado sem água, e isto dentro de um limite: no máximo três dias.

A água não é propriamente um alimento, e nosso corpo depende dela a fim de que os rins funcionem normalmente e que as toxinas não se acumulem no organismo. Há dois exemplos bíblicos deste tipo de jejum, um no Velho outro no Novo Testamento:

A) Jejum de Ester

Vai, ajunta a todos os judeus que se acharem em Susã, e jejuai por mim, e não comais, nem bebais por três dias, nem de noite nem de dia; eu e as minhas servas também jejuaremos. Depois, irei ter com o rei, ainda que é contra a lei; se perecer, pereci.
Ester 4.16 (Bíblia ACF)

B) Jejum do Apóstolo Paulo

Na sua conversão o Apóstolo Paulo também usou esta forma de jejum, devido ao nível das revelações que recebera:

Esteve três dias sem ver, durante os quais nada comeu, nem bebeu.
Atos 9:9 (Bíblia ARA)

Não há qualquer outra menção de um jejum total maior do que estes, a não ser o de Moisés e Elias. A medicina adverte contra um período de mais de três dias sem água, como sendo algo prejudicial à saúde. Devemos cuidar do corpo ao jejuar e não agredi-lo; lembre-se de que estará lutando contra sua carne (natureza e impulsos) e não contra o seu corpo.

Quando começamos um jejum, devemos apresentar ele no começo em oração para Deus e quando o finalizamos da mesma forma. Quando você jejuar deve também tirar um tempo em oração e reflexões.

Como eu jejuo

Eu já fiz jejum total algumas vezes, mas grande parte dos jejuns que faço são parciais, apresento meu jejum à meia-noite e estabeleço na própria oração o que irei comer durante o dia. Geralmente fico com água, chimarrão e uma ou duas bananas, da meia-noite às 20h do outro dia ou após o culto. Outras vezes fico apenas tomando líquidos. Também já fiz jejum de uma semana, apenas com uma refeição ao dia.

Todas estas formas de jejum são válidas. É importante ao final do jejum você ir a um lugar reservado e entregar seu propósito, agradecendo a Deus por ter lhe sustentado e pedindo sua benção. Outra dica bem importante é aprender a ficar na mesa junto com sua família mesmo que você esteja de jejum.

Quando jejuarem, não mostrem uma aparência triste como os hipócritas, pois eles mudam a aparência do rosto a fim de que os homens vejam que eles estão jejuando. Eu lhes digo verdadeiramente que eles já receberam sua plena recompensa.
Ao jejuar, ponha óleo sobre a cabeça e lave o rosto, para que não pareça aos outros que você está jejuando, mas apenas a seu Pai, que vê no secreto. E seu Pai, que vê no secreto, o recompensará.
Mateus 6:16-18 (Bíblia NVI)

Não fale para todo mundo que você está de jejum, apenas para sua família. A não ser que lhe perguntem. Já obtive inúmeras respostas de Deus em jejum. O maiorpoder que encontrei no jejum, é que ele quebra nosso orgulho e nos leva a uma dependência total de Deus.

9

Encontre uma boa Igreja e fique nela

Certa feita, encontrei uma senhora que congregava em uma igreja pela televisão, participava dos cultos ao vivo pela tevê. Dia de ceia ela comprava seu suco e seu pão e ceava. Uma vez por mês depositava seu dízimo. Perguntei a ela: *Você acha certa esta sua forma de congregar? nem doente você é para fazer deste jeito.* Ela me disse que não sentia que era errado, respondi a ela que estava completamente errado.

Uma pessoa, mesmo que more na zona rural de uma cidade, precisa achar um jeito de congregar e ter um pastor físico e não online para sua vida. Ainda que você tenha um apreço por pastores na internet, isso não substitui o fato de você ter um pastor mais próximo da sua vida.

Procure uma igreja que crê na Bíblia!

Em nossos dias achar uma igreja que creia no evangelho pleno é um pouco difícil. Infelizmente, muitos homens carnais têm estado à frente de igrejas, homens que creem em parte da Bíblia. Creem que Jesus salva, mas não creem que ele cura. Pedem para as pessoas dizimarem, mas não pedem para elas mudarem de vida.

Por isso a busca por uma igreja cristã boa e que está alicerçada na sã doutrina deve passar por uma boa pesquisa. Muitas seitas tem forma de igreja, a melhor forma de você identificar uma seita é observar se ela acredita que só ela está certa.

Congregar é fundamental para seu crescimento espiritual e para seu engajamento no serviço da obra de Deus.

Um homem sozinho pode ser vencido, mas dois conseguem defender-se. Um cordão de três dobras não se rompe com facilidade.
Eclesiastes 4:12 (Bíblia NVI)

Como o ferro com ferro se aguça, assim o homem afia o rosto do seu amigo.
Provérbios 27:17 (Bíblia ACF)

Como desenvolver-se tendo comunhão?

1. *Você precisa frequentar uma igreja*

Frequente uma igreja regularmente, não se torne aquele crente domingueiro ou aquele membro que só vai à igreja no dia de Santa Ceia. Conheço muitos desigrejados, termo usado para aqueles cristãos que congregam apenas em casa com a própria família, sem pastor e sem comunhão com os irmãos.

Até entendo que lidar com alguns escândalos e alguns pastores não é nada fácil. É desafiador, nos tempos em que vivemos, confiar nas pessoas, muitos confiam e mais tarde se frustram. Mas existe um remanescente que o Senhor tem guardado e você precisa o encontrar em sua cidade, eles também precisam de sua ajuda.

Busque uma igreja viva e que crê nos dons espirituais!

A igreja que vencerá neste tempo é aquela que manter-se cheia do Espírito Santo.

Não deixando a nossa congregação, como é costume de alguns, antes admoestando-nos uns aos outros; e tanto mais, quanto vedes que se vai aproximando aquele dia.
Hebreus 10:25 (Bíblia ACF)

Nosso Salvador, Jesus Cristo, tinha o hábito de ir regularmente à igreja do Seu tempo.

E, chegando a Nazaré, onde fora criado, entrou num dia de sábado, segundo o seu costume, na sinagoga.
Lucas 4:16 (Bíblia ACF)

Dificilmente alguém conseguirá manter uma comunhão com Deus fora do corpo de Cristo. Conheci um casal que ambos pararam de frequentar a igreja, não demorou muito para os dois estarem com um caso extraconjugal, a família quase fora exterminada pela ação maligna.

Igreja é lugar de proteção sobrenatural. Jesus sempre estará com a Igreja.

ensinando-os a obedecer a tudo o que eu lhes ordenei. E eu estarei sempre com vocês, até o fim dos tempos.
Mateus 28:20 (Bíblia NVI)

2. Comunhão com os irmãos

Eu tenho amigos do mundo, mas não faço as mesmas coisas que eles e não posso estar em muitos lugares que eles frequentam. Estou no mundo, mas não faço mais parte dele. Ter amizades cristãs é saudável. Preciso saber que na igreja ninguém é perfeito, a igreja é um grande hospital e todos nós estamos sendo trabalhados pelo Espírito Santo. Então esteja preparado para as decepções. Chato de falar isso, mas você precisa ser um crente amadurecido e entender que seu foco em Cristo nunca pode ser perdido.

Cuidado! "As muitas amizades podem levar à ruína, mas existe amigo mais chegado que um irmão". Nós precisamos fazer amigos.

Quem tem muitos amigos pode chegar à ruína, mas existe amigo mais apegado que um irmão.
Provérbios 18:24 (Bíblia NVI)

Um autor francês, chamado Antoine de Saint Exupery, afirmou: Faz-me digno da amizade, é mais valioso e frágil tesouro. Os amigos são um grande patrimônio, mas são mais frágeis do que o cristal.

Como é bom e agradável quando os irmãos convivem em união! É como óleo precioso derramado sobre a cabeça, que desce pela barba, a barba de Arão, até a gola das suas vestes. É como o orvalho do Hermom quando desce sobre os montes de Sião. Ali o Senhor concede a bênção da vida para sempre.
Salmos 133:3 (Bíblia NVI)

Companheiro sou de todos os que te temem e dos que guardam os teus preceitos.
Salmo 119.63 (Bíblia ACF)

E perseveravam na doutrina dos apóstolos, e na comunhão, e no partir do pão, e nas orações.
Atos 2.42 (Bíblia ACF)

10

A RECEITA DO BOLO PARA OS DISCÍPULOS DE JESUS

1.   Frequente os cultos semanalmente

*Retenhamos firmes a confissão da nossa esperança;
porque fiel é o que prometeu.
E considerem-nos uns aos outros, para nos
estimulamos à caridade e às boas obras; não
deixando a nossa congregação, como é costume de
alguns, antes admoestando-nos uns aos outros; e
tanto mais, quanto vedes que se vai aproximando
aquele dia.*
Hebreus 10:23-25 (Bíblia ACF)

Muitos culpam os líderes e pastores pela baixa frequência dos crentes na Igreja, responsabilizando a tais pela redução de frequentadores, no entanto nem tudo se deve a liturgia ou ao pouco mover de Deus na igreja. Vivemos dias de intenso ataque ao foco e prioridade dos crentes em relação a Cristo. São tantos entretenimentos, tantas distrações para tirar o crente da presença de Deus, que se não houver um posicionamento firme, certamente o

81

inimigo aproveitará para esfriar o coração dos servos de Deus.

A Igreja é um organismo vivo, é como uma fogueira ardente que precisa de cada pedaço de lenha para continuar a ser uma fogueira. Se a brasa for retirada da fogueira, ela acaba por se apagar. Assim somos nós. Se nos desligarmos do fogo espiritual da Igreja, aos poucos nossa chama interna de devoção e zelo pelo evangelho também se esvai. Juntos, como corpo, nos edificamos.

2.   Seja Firme e Constante

Não devemos servir e amar a Deus apenas em tempos de bonança. Devemos amar a Deus para sempre. Amar a Deus não é só uma tradição. Amar a Deus é um estado permanente.

E sabemos que todas as coisas contribuem juntamente para o bem daqueles que amam a Deus, daqueles que são chamados segundo o seu propósito.
Romanos 8:28 (Bíblia ACF)

Não devemos amar a Deus como resultado das bênçãos recebidas. Reconhecer seu cuidado constante para conosco nos ajuda a irmos além. Deus é uma atmosfera de Glória e de bênçãos. O inimigo opera tentativas constantes para nos afastar de Deus e nos esfriar deste amor.

O segredo da nossa caminhada não está em ter um bom começo, mas de nos mantermos firmes em dias maus e mantermos nosso coração saudável durante esta jornada. Haverá dias de lutas e traições. Mas de uma coisa precisamos nos lembrar nestes dias nebulosos, Deus está conosco e isso é suficiente.

Você não tem ideia de quantas vezes fui traído e enganado por pessoas, um dia vou escrever um livro só sobre vencer este tipo de coisa, até cheguei a perguntar a um dos nossos pastores: *Mustafa, será que o pessoal me apronta porque acha que sou do interior?* Ele me respondeu: *Pastor, não é por isso, é problema de caráter e o mundo está cheio de gente assim.*

Eu entendo hoje que cada coisa ruim que me acontece é Deus permitindo e me promovendo. Deus nos promove quando temos atitudes nobres e mantemos nosso coração livre de ressentimentos. O Senhor é justo, não se renda, Deus lhe dará vitória.

e, por se multiplicar a iniquidade, o amor de muitos esfriará.
Mateus 24:12 (Bíblia ACF)

O justo florescerá como a palmeira; crescerá como o cedro no Líbano. Os que estão plantados na casa do SENHOR florescerão nos átrios do nosso Deus.
Salmo 92.12,13 (BíbliaACF)

3.   Seja Dizimista Fiel

Devolver os 10% de tudo que vem a nossa mão é responsabilidade de um cristão que realmente teve seu coração transformado. Dizimo é uma prova de obediência. As pessoas gostam de argumentar todo tipo de desculpa para não devolver seu dízimo. Eu vivo o que creio e isso basta para mim. Não nasci em berço de ouro e tudo que conquistei devo a Deus. Não recebi herança, mas o Senhor, todos os dias, tem me abençoado. Dizimo de tudo que vem a minha mão, dizimo dos livros, dizimo dos eventos, do que recebo do *YouTube*, dizimo da venda de carro ou imóvel, de sementes que as pessoas plantam na minha vida, de tudo. E não me arrependo de nada. Porque uma coisa é certa, aquele que planta no Reino, colhe muitas vezes mais.

Não se deixem enganar: de Deus não se zomba. Pois o que o homem semear, isso também colherá.
Gálatas 6:7 (Bíblia NVI)

E Melquisedeque, rei de Salém, trouxe pão e vinho; e era este sacerdote do Deus Altíssimo
E abençoou-o, e disse: Bendito seja Abrão pelo Deus Altíssimo, o Possuidor dos céus e da terra;
e bendito seja o Deus Altíssimo, que entregou os teus inimigos nas tuas mãos.
E Abrão deu-lhe o dízimo de tudo.

Gênesis 14:18-20 (Bíblia ACF)

*Há quem dê generosamente, e vê aumentar suas riquezas;
outros retêm o que deveriam dar, e caem na pobreza.*
Provérbios 11:24 (Bíblia NVI)

Eu não conheço alguém que seja fiel a sua igreja e retenha o dízimo. Todos que retêm o dízimo compram uma batalha espiritual particular. Você precisa ser encontrado fiel em todas as áreas da sua vida. Se Deus não governa seu dinheiro, Ele não governa seu caráter. Eu só acredito em homens de Deus que deixam Deus governar também as finanças.

Eu não acredito que alguém diga que é fiel a Deus, que Deus governa sua vida, mas não governa suas finanças. Uma das coisas mais espetaculares na vida de um homem de Deus é saber que o que tem é e o que é procede do Pai das Luzes, não vem de si mesmo, mas do Trono do Todo-Poderoso.

Deus é nossa providência.

4. Sirva a Deus na sua igreja

E você, meu filho Salomão, reconheça o Deus de seu pai, e sirva-o de todo o coração e espontaneamente.
1 Crônicas 28.9 (Bíblia NVI)

A melhor coisa para um discípulo de Jesus manter-se firme e na busca é servir ao Senhor. Não existe escola melhor para amadurecer o caráter do discípulo e sua resistência espiritual do que servir na obra de Deus. Pode ser algo simples que você faça como portaria, cuidar das crianças, limpeza do templo ou levar água ao púlpito. A alegria que você sentirá não há preço que pague.

5. Ame sua liderança espiritual

Não há amor sem lealdade total. A sua lealdade e fidelidade sempre será com a mais alta autoridade da sua igreja. Cuide bem de seus pastores e cuida da família do pastor. Os honre sempre que você puder, há anjos de Deus que apenas cruzam pela nossa vida.

Quem vos recebe, a mim me recebe; e quem me recebe a mim, recebe aquele que me enviou.
Mateus 10:40(Bíblia ARC)

Quem vos ouve a vós, a mim me ouve; e quem vos rejeita a vós, a mim me rejeita;
e quem a mim me rejeita, rejeita aquele que me enviou.
Lucas 10:16 (Bíblia ACF)

Ninguém despreze a tua mocidade; mas sê o exemplo dos fiéis, na palavra, no trato, no amor, no espírito, na fé, na pureza.
1 Timóteo 4:12 (Bíblia ACF)

6. Depois que você nascer de novo, frutifique!

Não me escolhestes vós a mim, mas eu vos escolhi a vós, e vos nomeei, para que vades e deis fruto, e o vosso fruto permaneça;
a fim de que tudo quanto em meu nome pedirdes ao Pai ele vo-lo conceda.
João 15:16 (Bíblia ACF)

Precisamos dar frutos, tanto no nosso caráter, como fazendo discípulos para Jesus: buscando a Sua Presença e intimidade com Ele, obedecendo ao Seu chamado e tendo um coração nobre e bom. E assim, poderemos ser instrumentos em Suas mãos para o crescimento do Seu Reino.

E disse-lhes: "Vão pelo mundo todo e preguem o evangelho a todas as pessoas.
Quem crer e for batizado será salvo, mas quem não crer será condenado.
Estes sinais acompanharão os que crerem: em meu nome expulsarão demônios;
falarão novas línguas; pegarão em serpentes; e, se beberem algum veneno mortal, não lhes fará mal nenhum;

imporão as mãos sobre os doentes, e estes ficarão curados".
Marcos 16:15-18 (Bíblia NVI)

Decisão

Você quer aceitar a Jesus como o Salvador da sua vida?

A Palavra de Deus diz:

Se com a tua boca confessares ao Senhor Jesus, e em teu coração creres que Deus o ressuscitou dentre os mortos, serás salvo.
<u>Romanos 10:9</u> (Bíblia ACF)

Faça a seguinte oração, com toda a sinceridade:

"Querido Jesus, eu acredito que morreste por mim na cruz do Calvário e que ao terceiro dia ressuscitaste. Confesso que sou pecador e que necessito do Teu amor e do Teu perdão, por isso te peço: Perdoa os meus pecados e entra no meu coração. Quero receber a vida eterna, que vem de ti. Derrama sobre mim a Tua Paz, a Tua Graça e o Teu Amor sobrenatural para que eu possa também demonstrar, com todos, esse amor. Amém!"